DANIEL SIQUEIRA

(Organizador)

Novena de São Geraldo Majela

DIREÇÃO EDITORIAL:
Pe. Fábio Evaristo Resende Silva, C.Ss.R.

REVISÃO:
Cristina Nunes

COORDENAÇÃO EDITORIAL:
Ana Lúcia de Castro Leite

DIAGRAMAÇÃO E CAPA:
Marcelo Tsutomu Inomata

COPIDESQUE:
Manuela Ruybal

Textos bíblicos extraídos da Bíblia de Aparecida, Ed. Santuário, 2006.

ISBN 978-85-369-0441-2

3ª impressão

Todos os direitos reservados à **EDITORA SANTUÁRIO** — 2025

 Rua Pe. Claro Monteiro, 342 – 12570-045 – Aparecida-SP
Tel.: 12 3104-2000 – Televendas: 0800 - 0 16 00 04
www.editorasantuario.com.br
vendas@editorasantuario.com.br

São Geraldo Majela
(1726-1755)

São Geraldo Majela é um dos santos mais conhecidos e populares do Brasil. Geraldo nasceu na cidade Muro Lucano, no sul da Itália, no ano de 1726. Aos 14 anos ficou órfão de pai e começou a trabalhar em uma alfaiataria como ajudante e aprendiz, para contribuir com o sustento da família, já que ele era o único filho homem da casa. Depois foi trabalhar como ajudante do bispo de Lacedônia, um homem de temperamento difícil, ao qual ninguém suportava, mas Geraldo, apesar de todas as dificuldades e humilhações, conseguiu ficar ali por três anos, até a morte do bispo.

Retornando novamente à sua terra natal, Geraldo montou sua própria alfaiataria. Mas seus sonhos eram outros, queria servir a Deus de maneira mais próxima. Por isso, aos 19 anos, pediu admissão no convento dos Capuchinhos, mas não foi aceito, por ser o único filho homem da família e por causa de sua saúde um tanto quanto frágil. No entanto, Geraldo não desistiu. Sua vida mudou completamente no ano de 1748, quando um grupo de Missionários Redentoristas, liderados pelo padre Cáfaro, chegou à cidade de Muro para pregar as Santas Missões. Geraldo se encantou e acompanhou a Missão de perto. Pediu para ser admitido no grupo dos missionários, mas também não o aceitaram devido à sua frágil saúde. Mesmo assim Geraldo não desistiu: insistiu tanto que acabou sendo acolhido. Na carta de admissão de Geraldo ao Convento, padre Cáfaro escreveu ao Superior: "Estou mandando um outro irmão que será inútil quanto ao trabalho". Mas assim que chegou ao Convento, Geraldo logo mostrou que essas palavras a seu respeito eram equivocadas, pois ele era sempre o mais aplicado nos trabalhos, mesmo nos mais difíceis, e tudo fazia com muita alegria.

Professou como irmão leigo na Congregação dos Missionários Redentoristas no ano de 1752. Exerceu diversas funções: foi jardineiro, sacristão, alfaiate, porteiro, cozinheiro, carpinteiro e encarregado das obras do novo convento Redentorista em Caposele. Na porta do seu quarto, escreveu a famosa frase: "Aqui se faz a vontade de Deus, como Deus quer e enquanto quiser!" Geraldo era um homem de jeito simples, tinha facilidade para conversar com as pessoas, contava muitas histórias, era muito querido. Dotado de profunda espiritualidade, foi conselheiro espiritual de muitas pessoas, entre as quais padres, bispos, religiosos e leigos.

A saúde de Geraldo sempre foi muito frágil. Acometido de uma grave enfermidade, veio a falecer no dia 16 de outubro de 1755, com apenas 29 anos de idade. Sua morte causou grande comoção em todos, muitas pessoas estiveram presentes ao seu velório. Logo que morreu, começaram a surgir muitas notícias de graças e milagres atribuídas ao irmão Geraldo. Anos depois, foi aberto seu processo de beatificação, seguido de sua beatificação no ano de 1893. Foi canonizado pelo Papa Pio X em 1904.

São Geraldo é o padroeiro das mães, das mulheres grávidas, dos partos, dos alfaiates, dos porteiros e dos acusados injustamente. São Geraldo Majela, rogai por nós!

Orações para todos os dias

I. Oração inicial

– Em nome do Pai, do Filho e do Espírito Santo. Amém!

– A nossa proteção está no nome do Senhor, que fez o céu e a terra! Coloco-me em vossa presença, Deus da vida, pedindo a vossa graça e a vossa benção para que eu sinta a vossa força consoladora em meu coração. Peço-vos que, pela intercessão de São Geraldo, possais atender a minha súplica e a minha prece que agora vos apresento *(apresentar a sua intenção)*. Senhor, que chegue a vós minha oração e meu clamor.

– Ó querido São Geraldo, quero em minha vida estar profundamente unido a Deus, assim como vós vivestes em vossa vida terrena. Que vosso exemplo me ajude a realizar a vontade do Senhor em todos os momentos da minha vida. Amém!

II. Oração final

– No final desta novena, quero mais uma vez elevar a vós, Senhor, as minhas súplicas e preces, rezando pela minha família e por todas as pessoas com as quais convivo diariamente. Quero ainda rezar por aqueles que passam por momentos de sofrimento e dificuldades em sua vida. Que pela intercessão de São Geraldo chegue até vós a minha prece.

– **Pai nosso, que estais nos céus...**
– **Ave, Maria, cheia de graça...**
– **Glória ao Pai...**

– Ó São Geraldo, que em vossa vida terrena fizestes sempre a vontade de Deus, ajudai-me também em minha vida a fazer o mesmo. Vós, que sempre fostes preocupado e atento às necessidades daqueles que mais precisavam, peço-vos que também neste momento venha ao meu encontro, para me socorrer em minhas necessidades e aflições. Levai a Deus, ó glorioso santo, esta minha súplica. Isso eu vos peço por Cristo Nosso Senhor! Amém!

– Por intercessão de São Geraldo, abençoai-nos o Deus rico em misericórdia. Em nome do Pai, do Filho e do Espírito Santo. Amém!

✳ ✳ ✳

1º Dia
São Geraldo e a família

1. Oração inicial *(p. 6)*

2. Palavra de Deus *(Mc 10,6-9)*

Disse Jesus: "desde o princípio da criação, Ele os fez homem e mulher. Assim, pois, o homem deixará pai e mãe para unir-se à sua mulher, e os dois serão uma só carne. Assim, já não são dois, mas uma só carne. Portanto, o homem não deve separar o que Deus uniu". Palavra da Salvação!

3. O exemplo de São Geraldo

Geraldo nasceu em um lar profundamente cristão. Seu pai chamava-se Domenico Majela, e sua mãe, Benedita Galella. O casal teve quatro filhos. Do pai, Geraldo herdou a profissão de alfaiate e a simplicidade no modo de ser e de viver; de sua mãe, a profunda fé que desde cedo aprendeu a cultivar. Além disso, Geraldo recebeu dos pais uma boa formação e a graça de ter sido criado em um lar amoroso. A família teve um papel muito importante na vida de São Geraldo. É na família que se aprende a praticar desde cedo aquilo que é agradável a Deus. Também nossas famílias devem ser o alicerce fundamental para a formação da pessoa, lugar privilegiado para se viver o amor.

4. Para refletir

a) Quais pessoas são exemplos de fé em minha família?
b) Tenho procurado testemunhar minha fé às pessoas que amo?

5. Oração final *(p. 7)*

✳ ✳ ✳

2º Dia
São Geraldo e as adversidades

1. Oração inicial *(p. 6)*

2. Palavra de Deus *(2Cor 12,7-10)*

Irmãos: "foi-me dado um espinho na carne, um anjo de Satanás encarregado de me bater – para que eu não me orgulhasse. Por isso, três vezes pedi ao Senhor para o afastar de mim. E Ele me disse: 'Basta-te minha graça: pois o poder se manifesta plenamente na fraqueza'. É, pois, de boa vontade que me orgulharei sobretudo de minhas fraquezas, para que habite em mim o poder de Cristo. Por isso me comprazo em minhas fraquezas, nas injúrias, nos sofrimentos, nas perseguições, nas angústias suportadas por Cristo; pois quando sou fraco, é então que sou forte". Palavra do Senhor!

3. O exemplo de São Geraldo

A vida de Geraldo desde muito cedo foi marcada por inúmeras adversidades, a começar por sua saúde sempre frágil. Ainda adolescente, teve de encarar a morte do pai, tornando-se o provedor da casa já que ele era o único filho homem da família. Quando foi trabalhar com o bispo de Lacedônia, teve de aguentar por diversas vezes injúrias, desacatos e ofensas. Outra grande adversidade na vida de Geraldo foi a recusa de seu ingresso no convento dos Capuchinhos. Diante de todas essas adversidades, o que sabemos é que Geraldo nunca perdeu a fé, nunca desanimou, nem se pôs a blasfemar contra Deus. Ele sempre encarou tudo com fé e alegria, vendo em tudo a presença de Deus, que nunca abandona seus filhos e filhas.

4. Para refletir

a) Como tenho reagido diante das adversidades da vida?
b) Sou uma pessoa que desanima na primeira dificuldade?

5. Oração final *(p. 7)*

3º Dia
São Geraldo e a vocação

1. Oração inicial *(p. 6)*

2. Palavra de Deus *(Mt 4,18-22)*

"Andando junto ao mar da Galileia, Jesus viu dois irmãos: Simão, chamado Pedro, e André, seu irmão. Estavam lançando a rede ao mar, pois eram pescadores. Jesus disse-lhes: 'Segui-me, e vos farei pescadores de homens!'. Eles deixaram logo suas redes e o seguiram. Mais adiante viu outros dois irmãos: Tiago, filho de Zebedeu, e João, seu irmão. Estavam na barca com seu pai Zebedeu, consertando as redes. Jesus os chamou. Eles logo deixaram a barca e o pai e o seguiram." Palavra da Salvação!

3. O exemplo de São Geraldo

Geraldo desde muito cedo sentiu um chamado especial de Deus em sua vida. Queria responder a esse chamado se consagrando a Deus como religioso, por isso tentou entrar na Ordem dos Capuchinhos, mas não o aceitaram por causa da sua saúde frágil e por ser o único filho homem da família. Depois, por um tempo, quis ser eremita, mas também não deu certo. Finalmente, em 1748, quando conheceu os Missionários Redentoristas, Geraldo pôde responder plenamente ao chamado de Deus e à sua vocação. Deus chama cada ser humano para uma vocação específica. Responder a essa vocação e vivê-la em plenitude fará com que a pessoa seja feliz e realizada, porque vocação acertada é certeza de vida feliz.

4. Para refletir

a) Como venho respondendo ao chamado de Deus na minha vida?
b) Estou vivendo plenamente a vocação para a qual fui chamado(a)?

5. Oração final *(p. 7)*

* * *

4º Dia
São Geraldo e a solidariedade

1. Oração inicial *(p. 6)*

2. Palavra de Deus *(Mt 25,31-36)*

Disse Jesus: "Quando o Filho do homem voltar em sua glória, acompanhado de todos os seus anjos, irá sentar-se em seu trono glorioso. Todas as nações se reunirão diante dele, e ele separará as pessoas umas das outras, como o pastor separa as ovelhas dos cabritos. Porá as ovelhas à sua direita e os cabritos à sua esquerda. Então o rei dirá aos que estiverem à direita: 'Vinde, benditos de meu Pai, recebei em herança o reino que vos está preparado desde a criação do mundo. Pois eu estive com fome e me destes de comer, estive com sede e me destes de beber, fui estrangeiro e me acolhestes, estive nu e me vestistes, fiquei doente e me visitastes, estive na prisão e me fostes ver'". Palavra da Salvação!

3. O exemplo de Geraldo

Um dos traços mais marcantes da vida de São Geraldo era sua atitude de sempre se colocar a serviço dos mais necessitados. Nos relatos deixados por algumas pessoas que o conheceram, descobrimos que uma parte do dinheiro que ele ganhava como alfaiate era dado aos pobres. Outros relatos afirmam que, quando Geraldo era porteiro do convento, ele deixou por diversas vezes a despensa do convento praticamente vazia, pois sempre que chegava algum pobre e pedia alguma coisa ele prontamente atendia, pegando algum alimento da despensa. Essas atitudes de disponibilidade e solidariedade marcam profundamente a vida de São Geraldo e devem marcar a vida de todo aquele que se dispõe a seguir a Jesus Cristo.

4. Para refletir

a) Sou uma pessoa solidária e partilho o que tenho com quem precisa?
b) Sou capaz de me solidarizar com aqueles que sofrem?

5. Oração Final *(p. 7)*

✳ ✳ ✳

5º Dia
São Geraldo e a vontade de Deus

1. Oração inicial *(p. 6)*

2. Palavra de Deus *(Mt 7,21-25)*

Disse Jesus: "Nem todo aquele que me diz: 'Senhor, Senhor!' entrará no Reino dos Céus; mas sim aquele que faz a vontade de meu Pai que está nos céus. Muitos vão dizer-me naquele dia: 'Senhor, Senhor, não foi em teu nome que pregamos? Não foi em teu nome que expulsamos demônios? Não fizemos muitos milagres em teu nome?' Então, eu lhes direi: 'Não vos conheço! Afastai-vos de mim, vós que praticais a iniquidade!' Assim, quem escuta essas minhas palavras e as põe em prática é como um homem prudente que construiu sua casa sobre a rocha. Caiu a chuva, vieram as enchentes, sopraram os ventos e se abateram contra aquela casa, mas ela não caiu, porque estava construída sobre a rocha". Palavra da Salvação!

3. O exemplo de São Geraldo

Na porta do quarto do Irmão Geraldo havia escrita uma celebre frase: "Aqui se faz a vontade de Deus, como Deus quer e enquanto ele quiser". Essa total entrega era fruto de uma profunda intimidade que o santo tinha com Deus. Geraldo desde pequeno cultivou uma intensa vida de oração. Entre os inúmeros relatos sobre a vida de Geraldo, encontramos um que diz que, quando criança, o próprio menino Jesus vinha brincar com ele. Em tudo que fazia, até mesmo enquanto brincava, Geraldo sempre procurou fazer e viver vontade de Deus. A realização da vontade de Deus deve ser também parte essencial na vida de todo cristão, pois a busca pela santidade passa necessariamente pela realização da vontade de Deus em todos os momentos da vida. Conformar a nossa vida à vida de Jesus é nos aproximar cada vez mais de Deus.

4. Para refletir

a) Deixo a vontade de Deus realizar-se em minha vida?
b) O que preciso transformar em mim para ser mais semelhante ao coração de Deus?

5. Oração final *(p. 7)*

* * *

6º Dia
São Geraldo e a experiência da fé

1. Oração inicial *(p. 6)*

2. Palavra de Deus *(Jo 3,16-21)*

Disse Jesus: "Com efeito, Deus tanto amou o mundo que lhe deu seu Filho unigênito, para que não morra quem nele crê, mas tenha a vida eterna. Pois Deus não mandou seu Filho ao mundo para condenar o mundo, mas para que por meio dele o mundo seja salvo. Quem nele crê não é condenado. Mas, quem não crê, já está condenado, porque não creu no nome do Filho unigênito de Deus. E o julgamento é assim: a luz veio ao mundo, mas os homens preferiram as trevas à luz, porque suas obras eram más. De fato, todo aquele que faz o mal odeia a luz e dela não se aproxima, para que suas obras não sejam desmascaradas. Mas quem pratica a verdade aproxima-se da luz, para que transpareça que suas obras são feitas em Deus". Palavra da Salvação!

3. O exemplo de São Geraldo

São Geraldo era alguém que tinha uma profunda vivência da fé: nele, a vida e a fé eram uma só coisa. Desde muito cedo ele quis conformar a sua vida à vida de Cristo, identificando-se profundamente com o sofrimento de Jesus crucificado. Geraldo passava horas diante do sacrário em profunda atitude de adoração e meditação, chegando por vezes até a levitar. Outro amor, também incondicional na vida de São Geraldo, era a Nossa Senhora, por quem ele tinha profunda devoção, chamando-a de Mãe. O caminho de santidade traçado por São Geraldo passou pela sua experiência de fé, que, durante a vida, ele cultivou de muitos modos. Para todo cristão, o caminho da santidade indiscutivelmente passa pelo cultivo de uma vida de oração e de contemplação que leve o ser humano ao encontro de Deus.

4. Para Refletir

a) Procuro reconhecer Deus presente em todos os momentos da minha vida?
b) Sou perseverante na oração?

5. Oração final *(p. 7)*

✳ ✳ ✳

7º Dia
São Geraldo e a perseguição

1. Oração inicial *(p. 6)*

2. Palavra de Deus *(1Pd 3,9-12)*

"Não pagueis mal com mal, nem injúria com injúria; ao contrário, abençoai, pois a isto fostes chamados, a fim de receberdes a bênção como herança. Com efeito, 'quem quer amar a vida e viver dias felizes deve guardar sua língua do mal e seus lábios de palavras mentirosas, afastar-se do mal e fazer o bem, buscar a paz e segui-la. Pois o Senhor olha para os justos e seus ouvidos estão atentos à sua súplica, mas o Senhor volta seu rosto contra os que fazem o mal'." Palavra do Senhor!

3. O exemplo de São Geraldo

Um dos momentos mais difíceis e de grande sofrimento na vida de São Geraldo foi quando a jovem Néria Caggiano tentou manchar a sua reputação, acusando-o de tê-la assediado. A jovem era uma das muitas pessoas de quem o irmão Geraldo era conselheiro espiritual. Quando Néria, não aguentando mais a vida de clausura, decidiu sair do convento, tentou arrumar uma desculpa para sua saída e acabou por acusar Geraldo de assédio e de ter um caso amoroso com ela. Foram meses até que tudo fosse esclarecido. Durante esse tempo, Geraldo foi proibido de participar da missa, de comungar e de sair do convento. Toda essa situação foi causa de grande sofrimento para Geraldo, mas, mesmo diante dessa situação difícil de calúnia e ofensa, o santo manteve-se firme em sua fé. Ninguém está livre de passar por situações em que se é caluniado e acusado injustamente por algo que não fez, no entanto, mesmo diante de ocasiões como esta, é essencial não perder a fé e continuar acreditando e confiando que Deus não abandona jamais seus filhos.

4. Para refletir

a) Como reajo diante de calúnias e perseguições?
b) Em minha vida alguma vez já ofendi ou caluniei alguém?

5. Oração Final *(p. 7)*

* * *

8º Dia
São Geraldo e as mães

1. Oração inicial *(p. 6)*

2. Palavra de Deus *(Lc 1,39-45)*

"Naqueles dias, Maria partiu em viagem, indo às pressas para a região montanhosa, para uma cidade da Judeia. Entrou na casa de Zacarias e cumprimentou Isabel. Logo que Isabel ouviu a saudação de Maria, o menino saltou em seu seio, e Isabel ficou cheia do Espírito Santo e exclamou em alta voz: 'Tu és bendita entre as mulheres e bendito é o fruto de teu ventre! Como me é dado que venha a mim a mãe de meu Senhor? Pois assim que chegou a meus ouvidos a voz de tua saudação, o menino saltou de alegria em meu seio. Bem-aventurada aquela que acreditou que se cumpriria o que lhe foi dito da parte do Senhor!'" Palavra da Salvação!

3. O Exemplo de São Geraldo

Entre as histórias da vida de São Geraldo está a de uma mãe que, passando por uma grave doença e tendo muitos filhos ainda pequenos, foi até o convento e pediu para que o irmão Geraldo rezasse por ela, pois não queira morrer e deixar sozinhos os filhos. O santo rezou por ela e rapidamente ela ficou curada. Outra história diz respeito a uma jovem que teve complicações durante a gravidez: ela pegou e colocou sobre a barriga um lenço, que ela havia ganhado anos antes do irmão Geraldo, rezou, e meses depois a criança nasceu bonita e saudável. É por esses e outros prodígios que São Geraldo é considerado o padroeiro das mulheres grávidas e das mães. Que as mulheres grávidas e as mães possam viver com alegria a graça da maternidade e que os filhos sejam educados em um lar amoroso e responsável.

4. Para refletir

a) Como tenho me portado como pai, mãe ou filho(a)?
b) Tenho respeitado a vida desde o seu início até o seu fim natural?

5. Oração final *(p. 7)*

✳   ✳   ✳

9º Dia
São Geraldo e a santidade

1. Oração inicial *(p. 6)*

2. Palavra de Deus *(Mt 5,1-9)*

"Vendo a multidão, Jesus subiu à montanha. Sentou-se, e seus discípulos aproximaram-se dele. Começou então a falar e os ensinava assim: 'Felizes os pobres em espírito, porque é deles o Reino dos Céus. Felizes os que choram, porque Deus os consolará. Felizes os não violentos, porque receberão a terra como herança. Felizes os que têm fome e sede de justiça, porque Deus os saciará. Felizes os misericordiosos, porque conseguirão misericórdia. Felizes os de coração puro, porque verão a Deus. Felizes os que promovem a paz, porque Deus os terá como filhos'." Palavra da salvação!

3. O exemplo de São Geraldo

A vida de São Geraldo nesta terra foi muito curta: ele viveu apenas 29 anos, dos quais seis anos ele viveu como Irmão Missionário Redentorista. Geraldo viveu de forma intensa esses 29 anos, fez de sua vida um exemplo de amor a Deus e aos irmãos. Fez em tudo a vontade de Deus e conformou sempre sua vida com a vida de Jesus Cristo. Ele morreu no dia 16 de outubro de 1755, no convento dos Redentoristas, em Materdomini, na Itália. Seu velório e seu enterro atraíram um grande número de pessoas, que vieram se despedir do santo irmão; homem simples, de bom coração, amigo de todos, sempre disponível e atento às necessidades de todos. Que a vida dos santos possa também inspirar cada cristão batizado a buscar a santidade em todos os momentos de sua vida.

4. Para refletir

a) Quais pessoas são referência de santidade para mim?
b) O que tenho feito para alcançar a santidade?

5. Oração final *(p. 7)*

✳ ✳ ✳

Índice

São Geraldo Majela 3

Orações para todos os dias 6

1º Dia: São Geraldo e a família 9

2º Dia: São Geraldo e as adversidades 11

3º Dia: São Geraldo e a vocação 13

4º Dia: São Geraldo e a solidariedade 15

5º Dia: São Geraldo e a vontade de Deus 18

6º Dia: São Geraldo e a experiência da fé 21

7º Dia: São Geraldo e a perseguição 24

8º Dia: São Geraldo e as mães 27

9º Dia: São Geraldo e a santidade 30